楽しい体操インストラクター

斎藤道雄 著

脳も体も

一緒に元気になる

幸せ体操

40

付 みんなが幸せ
になれるゲーム10

JN005537

黎明書房

はじめに

できる人もできない人も楽しい幸せ体操をしよう！

　この本は，体操をして幸せになる本です。

　体操をして幸せ？
　そうです！
　この本にある体操をすれば，幸福感に包まれます。

　集団で体操をするということは，人によって，できるできないがはっきりします。
　できる人は，得意満面です。
　でも，できない人は違います。

「できないからやりたくない」
「できないから恥ずかしい」

と思っています。

「いっしょに体操しませんか？」

と，お誘いしても，なかなか参加してもらえません。
参加してもらえたとしても，とても消極的です。
劣等感があるからです。
自分と他人を比べて，「やっぱり私はダメだ」となります。
次からは，参加しなくなります。

　この問題を解決するには？

　無理矢理に誘ってもダメです。
「できなくても楽しい」

と感じてもらうことです。

この本は，そんな問題を解決します。

「できる人もできない人も楽しい幸せ体操をしよう！」

これが，この本のコンセプトです！

たとえば。
じゃんけんをします。
勝った人は「負けた！」と言います。
負けた人は「勝った！」と言います。
立場があべこべになります。

こんなふうにすれば，いつも負けている人も時には勝つことができます。
勝ち負けに関係なく楽しめます。

ほかにも。
声を出して歌いながら体を動かしたり。
「パンチ！」と言いながらチョップしたり。
あいこになるまでじゃんけんしたり。

こうすれば，勝ち負けも，できるできないも，一切関係なし。

この本には，こんな体操が満載です。
ぜひ幸せ体操をして，幸せを感じてください。

みちお先生の幸せ体操 10 の特長

1　脳トレ＋運動
頭を使う体操と体を動かす体操を同時にします。

2　運動不足解消になる
すき間時間，食前，食後など，いつでもどこでもできます。

3　脳を活性化する
見て，聞いて，考えて，頭を使う体操があります。

4　歌う，声を出す
歌ったり，かけ声を出したりします。

5　笑える，楽しい
体操に笑いのテクニックがあります。

6　準備なしでできる
道具，準備一切不要です。

7　座ったままでできる
椅子に腰かけたまま，立ち上がったりしなくてもできます。

8　かんたんにできる
複雑でむずかしい動きはありません。シニアにかんたんにできる動作です。

9　介護現場のレクや体操に役立つ
支援者に役立つ体操の本です。

10　一人からできる
シニアおひとりさまにも活用できます。

この本の使い方

① はじめにおススメの体操をしましょう！
↓
② ほかの体操にもトライしましょう！
↓
③ お気に入りの体操があれば，おススメの体操と入れ替えましょう！

朝の おススメ体操	**㉙ 幸せ深呼吸→ 38 ページ**	
	お気に入りの体操記入欄	
昼の おススメ体操	**⑥ なんちゃってバタフライ** ↓ **14 ページ**	 4回繰り返す
	お気に入りの体操記入欄	
夜の おススメ体操	**⑦ ほこり落とし→ 15 ページ**	
	お気に入りの体操記入欄	

も く じ

Ⅲ　元気が出る幸せ体操

Ⅳ　笑顔になる幸せ体操

付　みんなが幸せになれるゲーム 10

① かぶきストレッチ

歌舞伎役者になったつもりで，手指を伸ばしましょう！

|ねらい
ときぎめ　　（ 肩の柔軟性維持 ）（ 手指のストレッチ ）

楽しみかた

① 　拍手を1回します。

② 　左足を1歩前に出して，左腕を前に伸ばして手のひらを前にします。右手は頭の上でパーにします。

③ 　（歌舞伎役者になったつもりで）自分の中で一番いい顔をします。手足を替えて同様にします。（左右交互に2回ずつ）

よお

交互に
2回ずつ

みちお先生のケアポイント

・全部の指をいっぱいにひらいてすると，運動効果アップです！

笑いのテクニック

・「よおーーー」と，元気に声を出してすると最高に楽しいです！

9

② ゴーゴー

ゴーゴーを踊るようなつもりで，手足を動かしましょう！

| ねらい
とききめ | リズム体感 | 血行促進 |

楽しみかた

① 足をひらいて，足ぶみをします。
② 両手を軽く握って，左右交互に上げ下げします。
③ これを同時にします。（ゴーゴーを）踊るような感じでしましょう！

みちお先生のケアポイント

・支援者がノリノリですると，つられてシニアもノリノリになります！

笑いのテクニック

・「ゴーゴー！」や「イエーイ！」など，元気に声を出してすると，盛り
上がります！

③ 口じゃんけん

口をあけたり閉じたりして，じゃんけんしましょう！

ねらい
とききめ　〔 顔の体操 〕〔 足腰強化 〕

楽しみかた

① 　支援者とシニアで口でじゃんけんをします。
② 　グーは口を閉じる，チョキは口を突き出す（タコの口），パーは口を大きくあける。
③ 　負けたら，そのままの口で，8歩足ぶみをします。

グー　　パー

チョキ

負けたら

足ぶみを
8歩

みちお先生のケアポイント

・顔の筋肉を使って，口を大きく動かすように意識しましょう！

笑いのテクニック
・にらめっこのように，相手を笑わせるつもりですると盛り上がります！

④ こっちたおしてホイ

支援者が頭を倒す方向にシニアも頭を倒しましょう！

ねらい とききめ　　(首のストレッチ)　(反応力アップ)

楽しみかた

① 　支援者はシニアと向かい合わせになります。
② 　支援者は，手を2回たたいて，左右どちらかに頭を傾けます。同様に
（鏡のように），シニアも支援者と同じ方向に傾けます。
③ 　元に戻して，ランダムに繰り返します。

みちお先生のケアポイント

・首を伸ばすつもりで，ゆっくりとていねいに動作しましょう！

笑いのテクニック
・上を向いたり，下を見たり，想定外の動きを混ぜるとおもしろいです！

⑤ サル・ゴリラ・チンパンジー

3つのポーズを覚えて，すばやく変身しましょう！

| ねらい
と ききめ | 記憶力維持 | 反応力アップ |

楽しみかた

① 　サルは両手で耳をひっぱる，ゴリラは両手をグーにして胸にあてる。チンパンジーは片手で頭を，反対の手であごをさわります。

② 　支援者は，「サル」「ゴリラ」「チンパンジー」のいずれかを言います。

③ 　シニアはすばやくそのポーズをします。これをランダムに繰り返します。

サル　　　　　ゴリラ　　　　チンパンジー

みちお先生のケアポイント

・急がずに，ひとつずつ，ポーズを覚えるところから，ゆっくりとていねいにしましょう！

笑いのテクニック

・支援者が，「サル」と言いながらゴリラのポーズをしたりすると，混乱して笑えます！

⑥ なんちゃってバタフライ

バタフライで泳いでいる気分で，両腕を上げ下げしましょう！

ねらい
とききめ 肩の柔軟性維持 イメージ力アップ

楽しみかた

① 顔を上げて，両腕を横から頭の上に上げます。
② 上体をクネクネと揺らします。
③ 前から両腕を下におろします。一休みして４回繰り返します。

４回繰り返す

みちお先生のケアポイント

・肩甲骨から動かすように意識すると運動効果がアップします！

笑いのテクニック
・最後に，思い切りガッツポーズをして，終わりましょう！

⑦　ほこり落とし

ほこりを落とすように，肩や腕を軽くたたきましょう！

ねらい
とききめ　（血行促進）（リラックス）

楽しみかた

① 　肩と腕の力を抜いてリラックスします。
② 　手のひらで，ほこりを落とすように，肩や腕を軽くたたきましょう！
③ 　最後に大きく深呼吸をして終わります。

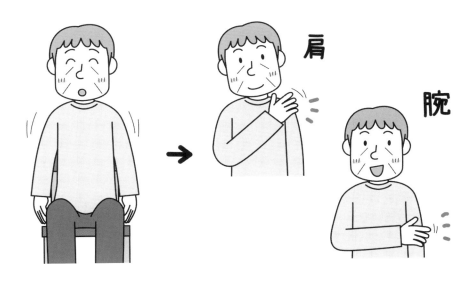

肩

腕

みちお先生のケアポイント

・支援者もいっしょに見本を見せながらするとわかりやすいです！

笑いのテクニック
・「気持ちいい〜」と声に出してすると，楽しくできます！

15

⑧ 山歩き

山歩きをイメージして足ぶみしましょう！

▌ねらい
ときめ　　(足腰強化)(イメージ力アップ)

楽しみかた

① 自分が登山をする様子を想像しながら足ぶみをします。
② のぼり坂のときは上体を前に倒して，くだり坂のときは上体をおこします。
③ 最後は深呼吸をして終わります。

のぼり坂　　くだり坂

みちお先生のケアポイント

・支援者が，「のぼり坂」「くだり坂」など，言いながらしてもオッケーです！

笑いのテクニック
・歌を歌いながらしても楽しいです！

⑨ 指拍手

5本，4本，3本……指の本数を徐々に減らしながら拍手しましょう！

| ねらい
と ききめ | 指のストレッチ | 集中力アップ |

楽しみかた

① はじめに手を8回たたきます。

② 次に（親指以外の）4本で8回たたきます。同様に，3本，2本と減らしていきます。

③ 最後に人差し指1本でおしまいです！

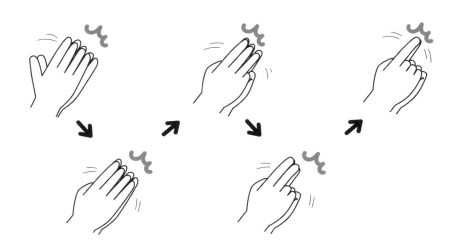

みちお先生のケアポイント

・いそがずに，ゆっくりとていねいに手をたたきましょう！

笑いのテクニック

・おしまいに，人差し指をほっぺたにつけてニッコリ笑うと雰囲気が和みます！

⑩ 目の体操

支援者が指をさした方向を目で追いましょう！

┃ ねらい
┃ とききめ   (目の疲労回復)

楽しみかた

① 支援者はシニアと向かい合わせになります。
② 支援者は上下左右いずれかの方向に指をさします。シニアは顔は正面を向いたままで，目だけを動かして指先の方向を見ます。
③ 一休みしながら，ランダムに繰り返します。

みちお先生のケアポイント

・なるべく顔は動かさないように。できる限り大きく目を動かすように意識しましょう！

笑いのテクニック
・口を大きくあけたり，口を横にひらいたり，鼻の下を伸ばしたり，変顔ですると盛り上がります！

コラム①

盛り上がる現場の共通点

　盛り上がる現場には，ある共通点があります。

　それは，参加者のシニアが「間違えてもいい」と思っていることです。

　たとえば，拍手体操というのがあります。

　手をたたくだけのごくかんたんな体操です。

　ただし，手をたたくと見せかけてたたかないフェイントも混ぜています。

　ある介護施設でこれをすると，とてもウケます。

　ところが！

　ほかのある介護施設では，これがまったくウケません。

　理由は，「間違えてはいけない」と思ってるからです。

　なので，みなさん，超慎重です。

　「間違えたくない！」

　そう思っているので，ボクより手をたたくのが1拍遅い。

　だ・か・ら，間違えない。笑いもない。

　このように，「間違えてもいい」という気持ちは笑いになり，「間違えてはいけない」という気持ちは緊張になります。

　なので，ボクは，こう言います。

　「間違えてもオッケーです！」

　この一言が，シニアの気持ちをすーっと和らげます。

　間違えたら笑って。

　楽しく体操しましょう！

⑪ あいこでバンザイ

あいこが出たら，すばやく「バンザイ」と言って両手を上げましょう！

（反応力アップ） （腕のストレッチ）

楽しみかた

① 支援者とシニアでじゃんけんをします。
② あいこになったら，「バンザイ！」と声を出して両手を上げます。
③ 相手より先に手を上げたら勝ちです。勝ち負けを気にせずに，どうぞ！

みちお先生のケアポイント

・「じゃんけんぽい！」のところから元気に声を出してしましょう！

笑いのテクニック
・あいこではないのに，（わざと間違えて）手を上げても笑えます！

20

⑫ グーパーとグーチョキパー

片手はグーパー，反対の手はグーチョキパーをしましょう！

| ねらい
と**ききめ**　（ 手先の器用さ維持 ）

楽しみかた

① 　片手でグーパーを繰り替えします。

② 　反対の手でグーチョキパーを繰り返します。

③ 　これを両手同時にします。間違えても，楽しんでどうぞ！

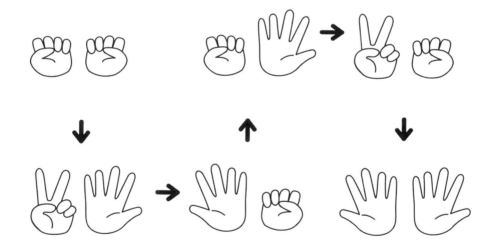

みちお先生のケアポイント

・むずかしいときは，１回ずつ，動作を止めながらしてもオッケーです！

笑いのテクニック

・慣れてきたら，徐々に速くして，レベルアップするとより楽しくできます！

⑬ あべこべ足ぶみ

左足は「右」，右足は「左」と言って，足ぶみしましょう！

｜ねらい
とききめ 　（ 足腰強化 ）（ 声を出す ）

楽しみかた

① 　両腕を前後に振って，足ぶみをします。
② 　左足を上げたときは「右」，右足を上げたときは「左」と言います。
③ 　8歩して一休み。4回繰り返します。「右・左・右・左……」とテンポ
　　よくどうぞ！

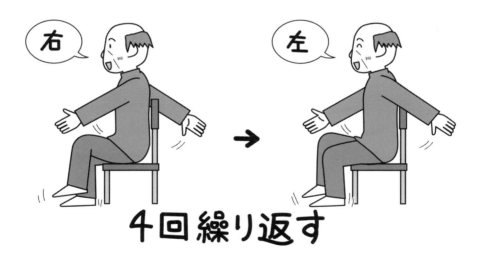

みちお先生のケアポイント

・声を出してすると，元気が出ます！

笑いのテクニック

・「いち・に・いち・に……」や「ワン・ツー・ワン・ツー……」など，
　突然，掛け声を変えても楽しいです！

⑭ ひとり連想ゲーム

足ぶみしながら，連想ゲームをしましょう！

| ねらい
と ききめ | 足腰強化 | 集中力アップ |

楽しみかた

① 胸を張って，腕を前後に振って，足ぶみをします。

② バナナ→黄色→ひよこ→たまご……のように，連想する言葉を言います。

③ ４つ続いたら大成功です！

みちお先生のケアポイント

・体力レベルに応じて，連想する言葉の数を変えてください！

笑いのテクニック

・途中から，いきなり，しりとりになっても笑えます！

⑮ イマジネーションキャッチ

支援者が言ったものをイメージしてキャッチするマネをしましょう！

| ねらい と ききめ | 反応力アップ | 手先の器用さ維持 |

楽しみかた

① 支援者は，「たまご」と言いながら，下からたまごを投げるマネをします。

② シニアは，たまごを割らないように，そうっと両手でキャッチするマネをします。

③ 支援者は，りんご，スイカ，大根……，自由に変えながら繰り返します。

みちお先生のケアポイント

・支援者の演技がシニアの演技力を引き出します！

笑いのテクニック

・イス，机，タンス，自転車など，ありえないものにすると笑えます！

⑯ ナイスキャッチ

ボールを投げたコースをイメージしてキャッチするマネをしましょう！

ねらい
とききめ　〔 イメージ力アップ 〕　〔 手先の器用さ維持 〕

楽しみかた

① 　支援者はシニアと向かい合わせになります。

② 　支援者は振りかぶって，真ん中，高目，低目，右，左のいずれかにボールを投げるマネをします。

③ 　シニアは（腕の振りを見て），ピッチャーの投げたところに手を動かしてキャッチします。うまくキャッチできたら大成功です！

みちお先生のケアポイント

・はじめはど真ん中に投げて，慣れてきたら徐々に散らしていきましょう！

笑いのテクニック

・わざと大暴投するのも笑いになります！

⑰ なにが落ちた？

支援者の言葉を聞いて，すばやく動作しましょう！

ねらい
とききめ ⟨ 反応力アップ ⟩ ⟨ 記憶力維持 ⟩

楽しみかた

① 支援者は，「りんごが落ちた」「かみなりが落ちた」「天井が落ちた」の
いずれかを言います。

② シニアは「りんご……」→両手でリンゴをキャッチする。「かみなり
……」→おへそをかくす。「天井……」→両手を頭に。それぞれポーズを
します。

③ 正解したら大成功です。間違えても楽しんでどうぞ！

リンゴ　　　かみなり　　　天井

みちお先生のケアポイント

・3つ覚えるのがむずかしいときは，ポーズをふたつに減らしてもオッケ
ーです！

笑いのテクニック
・支援者が「りんごが落ちた」と言いながらおへそをかくしたりすると，
混乱して笑いになります！

⑱ パンチでチョップ

「パンチ」と言ってチョップ，「チョップ」と言ってパンチしましょう！

▌ねらい
ときめ　（握力アップ）（肩の柔軟性維持）

楽しみかた

①　「パンチ！」と言いながら，チョップの動作をします。

②　「チョップ！」と言いながら，パンチの動作をします。

③　パンチとチョップを交互に2回ずつします。元気に声を出して，どうぞ！

みちお先生のケアポイント

・なるべく大きな動作ですると運動効果がアップします！

笑いのテクニック

・キックの動作を増やしても楽しいです。「パンチ」でチョップ。「チョップ」でキック。「キック」でパンチ。

⑲ 増えたり減ったり

片手は指を１本ずつ伸ばしていき，反対の手は指を一本ずつ曲げていきましょう！

■ ねらい
と ききめ ・・ 手先の器用さ維持

楽しみかた

① 片手をグーにして，指を１本，２本，３本，４本，５本と順に伸ばします。

② 反対の手はパーにして，指の数が５本，４本，３本，２本，１本となるように順に曲げます。

③ これを両手で同時にします。間違えても，楽しんでどうぞ！

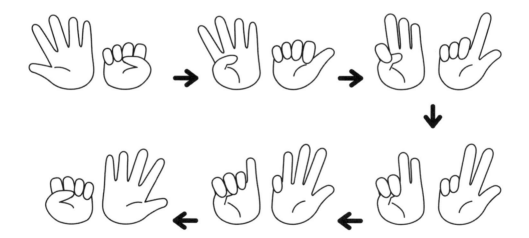

みちお先生のケアポイント

・「いち，にい，さん，しい，ごお」と声に出してしましょう！

笑いのテクニック
・左右を替えてすると，よりむずかしくなります，混乱して笑えます！

28

⑳ 負けるが勝ち

勝ったら「負けた」，負けたら「勝った」と言いましょう！

┃ ねらい
┃ とききめ　　（反応力アップ）　（声を出す）

楽しみかた

① 　支援者とシニアでじゃんけんをします。
② 　勝った人は両手をひざに置いて「負けた！」と言い，負けた人は両手を
　　上げて「勝った！」と言います。
③ 　先にできた人が勝ちです。

みちお先生のケアポイント

・勝ち負けに関係なく，楽しんでしましょう！

笑いのテクニック
・「負けた！」は悔しそうに，「勝った！」はうれしそうな表情を加えると
　盛り上がります！

㉑ 応援団体操

胸を張って，ひじをひらいて，力強く手をたたきましょう！

**ねらい
とききめ** 〔 胸のストレッチ 〕〔 姿勢保持 〕

楽しみかた

① 足を肩幅にひらいて，胸を張ります。
② 「せーのーっ」と言って，ひじをいっぱいにひらいて，胸の前で「パチン」と強く手をたたきます。
③ 一休みして，4回繰り返します。

せー の 一っ

パチン

4回繰り返す

みちお先生のケアポイント

・足の裏全体を床につけるようにすると，体が安定します。

笑いのテクニック
・途中でいきなり，3・3・7拍子に変えても楽しいです！

㉒ さっちゃんのパス

**ニックネームで呼び合いながら，ビーチボールをパスするマネを
しましょう！**

| ねらい
と ききめ | イメージ力アップ | 仲間づくり |

楽しみかた

① 　たとえば，支援者はシニアのニックネーム（さっちゃんなど）を言いな
がら，ビーチボールをパスするマネをします。

② 　呼ばれたシニアは「はい！」と返事をしてビーチボールをキャッチする
マネをします。

③ 　今度は，シニアが別のシニアのニックネームを言って，同様にします。
お互いにニックネームを呼び合って，どうぞ！

みちお先生のケアポイント

・ニックネームの例　よしおさん→よっちゃん，まりこさん→まりちゃん，
ともこさん→ともちゃん，れいこさん→れいちゃん，まさあきさん→ま
ーくん。

笑いのテクニック

・美空ひばりさん，高倉健さん，石原裕次郎さん，など，有名人の名前を
つけて呼び合うのも楽しいです！

㉓ なりきりロックバンド

ロックバンドになったつもりで，歌いながら演奏するマネをしましょう！

| ねらい
とききめ | 声を出す | 反応力アップ |

楽しみかた

① 支援者はシニアと「靴が鳴る」（おててつないで〜）の歌を歌います。
② 支援者はギターを弾くマネを，シニアはドラムをたたくマネをします。
③ ロックバンドになったつもりで，ノリノリ気分でどうぞ！

おてて〜 つないで〜

みちお先生のケアポイント

・はじめに，歌なしで，楽器を演奏するマネだけをしてみましょう！

笑いのテクニック
・キーボードやトランペットなど，楽器を変えてしても楽しいです！

㉔「の」抜きでもしかめ

手をたたきながら，「うさぎとかめ」を歌いましょう！

| ねらい
とききめ | 血行促進 | 声を出す |

楽しみかた

①　支援者とシニア，ふたりで「うさぎとかめ」（もしもしかめよ〜）を，手をたたきながら歌います。

②　「の」の部分は歌わずにします。

③　途中で間違えたら，最初からどうぞ！

もしもし
かめよ
かめさんよ〜　♪
♪
せかい
うちで〜

みちお先生のケアポイント

・口を大きくあけて，元気に明るく歌いましょう！

笑いのテクニック

・間違えたときに大笑いすると楽しくできます！

㉕ びっくり箱

びっくり箱の人形になったつもりで，高くジャンプするマネをしましょう！

**ねらい
とききめ** 　（腕のストレッチ）

楽しみかた

① 　支援者は大きな箱をあけるマネをします。
② 　シニアは「ぼよよ〜ん」と言いながら，ジャンプするマネをします。
③ 　一休みして，4回繰り返します。

ぼよよ〜ん

4回繰り返す

みちお先生のケアポイント

・元気に声を出してすると，気持ちがスッキリします！

笑いのテクニック
・びっくりした顔ですると，盛り上がります！

㉖ ひとりハグ

腕を交差させて，自分の肩を交互にたたきましょう！

ねらい
とききめ　⸨ 肩こり予防 ⸩　⸨ 安心感 ⸩

楽しみかた

① 腕を交差させて，両手を肩に置きます。
② 両肩をパタパタと両手で交互に８回やさしくたたきます。
③ 一休みして４回繰り返します。

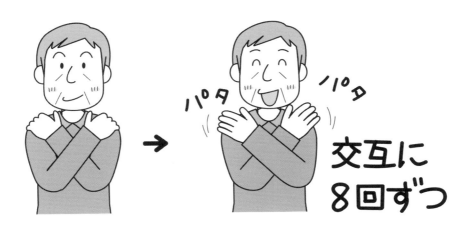

パタ　パタ
→　交互に
８回ずつ

４回繰り返す

みちお先生のケアポイント

・声を出して，かぞえながらするのも効果的です！

笑いのテクニック
・顔を上げて，自分の中で一番いい顔をすると楽しいです！

㉗ ピンポーンブブー

両手を×にしてピンポーン，両手を〇にしてブブー，あべこべの動作をしましょう！

■ **ねらい**
とききめ　反応力アップ　肩の柔軟性維持

楽しみかた

① 「ピンポーン！」と言いながら，両手を×にします。
② 「ブブー！」と言いながら，両手を〇にします。
③ 交互に４回ずつします。間違えても気にせずに，どうぞ！

ピンポーン！　ブブー！

みちお先生のケアポイント

・手だけでなく腕を大きく動かすようにすると運動効果がアップします！

笑いのテクニック
・「ピンポーン」のときはニッコリ笑顔，「ブブー」のときは怒り顔など，表情も加えると楽しくできます！

㉘ オノマトペじゃんけん

じゃんけんで負けた人は，オノマトペに合った動作をしましょう！

ねらい とききめ	（ イメージ力アップ ）

楽しみかた

① 　支援者とシニアでじゃんけんをします。

② 　勝った人は，ワクワク，ドキドキ，ウキウキなど，オノマトペの言葉を言います。

③ 　負けた人は，その言葉のイメージの動作をします。楽しんでどうぞ！

みちお先生のケアポイント

・明るく元気に声に出しながら動作しましょう！

笑いのテクニック

・「もぐもぐ」「てきぱき」「じたばた」など，違う言葉を混ぜても楽しくできます！

㉙ 幸せ深呼吸

両腕で大きな〇をつくって，深呼吸しましょう！

| ねらい
とききめ | リラックス | 血行促進 |

楽しみかた

① 頭の上に両手を上げて，腕で大きな〇の形をつくります。

② 深呼吸しながら，両腕を〇の形にしたまま下ろします。

③ やりたいだけ何度でも，どうぞ！

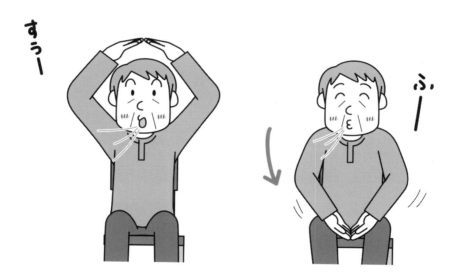

すぅー

ふー

みちお先生のケアポイント

・なるべく息をはき切るように意識しましょう！

笑いのテクニック

・最後に，ニッコリ笑って「超きもちいいー」と言うと幸せな気分になります！

③⓪ 続きはいくつ？

「1・2・3・4」と言ったら、「5・6・7・8」と続けましょう！

ねらい と ききめ 〔 声を出す 〕〔 血行促進 〕

楽しみかた

① 支援者とシニアで拍手を8回します。

② 拍手に合わせて支援者が「1・2・3・4」と言ったら、シニアは拍手に合わせて「5・6・7・8」と続けます。

③ 支援者が「2・3・4・5」と言ったら、シニアは「6・7・8・9」と言います。一休みしながら、ランダムに繰り返します。

1・2・3・4   5・6・7・8

みちお先生のケアポイント

・支援者は、「いち・に・さん・し」と短く切って言うと、テンポがよくなります！

笑いのテクニック

・支援者は「3・4・5・6」や「4・5・6・7」などを混ぜてすると、より混乱して笑いになります！

㉛ かぶっちゃダメよ

お題から連想したポーズが同じにならないようにしましょう！

ねらい
とききめ　(イメージ力アップ)

楽しみかた

① 　たとえば，支援者はシニアに「野球」とお題を出します。

② 　「せーのー」の合図で，「野球」から連想するポーズを，組になったふたりが同時にします。

③ 　ふたりが違うポーズをすれば（かぶらなければ）大成功です！　色々なお題で楽しみましょう！

みちお先生のケアポイント

・お題の例：サッカー，バレーボール，バドミントン，ラジオ体操，水泳，剣道，忍者，掃除，入浴などなど。

笑いのテクニック
・ワクワク，ウキウキ，ドキドキなどのお題にしても楽しいです！

32 だるまさんが笑った

「だるまさんが……」のあとに，笑ったり，泣いたり，驚いたりしましょう！

ねらいとききめ　足腰強化　表現力アップ

楽しみかた

① 支援者は「だるまさんが……」と言い，シニアは足ぶみをします。
② 支援者は，「だるまさんが……」につづけて，「笑った」「怒った」「泣いた」「ビックリした」などと言い，それをシニアは顔や手足で表現します。
③ 出来る限りオーバーアクションで，楽しんでどうぞ！

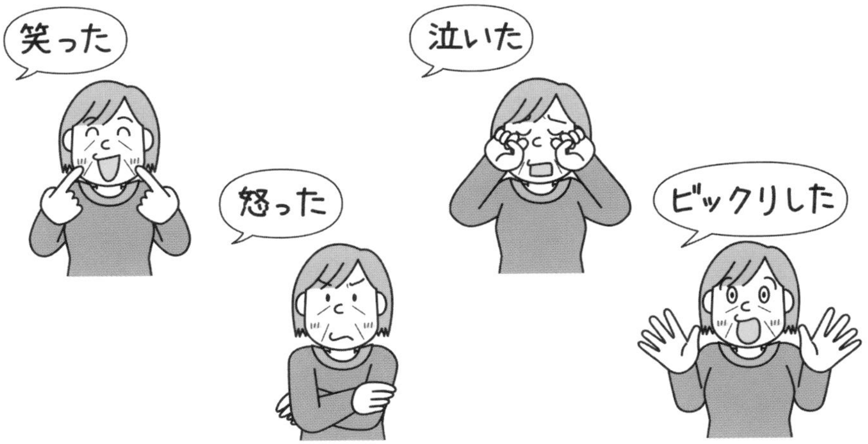

みちお先生のケアポイント

・「だるまさんが」のあとに，一呼吸間を置くといいです！

笑いのテクニック

・笑うときは，人差し指をほっぺたに，びっくりするときは両手をパーにするなど，おおげさに動作すると盛り上がります！

㉝ 指全開

指を閉じた状態から，全開にしましょう！

ねらい とききめ 指のストレッチ

楽しみかた

① 胸の前で両手をパーにします。
② 全部の指を閉じます。（くっつけます）
③ できる限り全部の指をひらきます。一休みして，４回繰り返します。

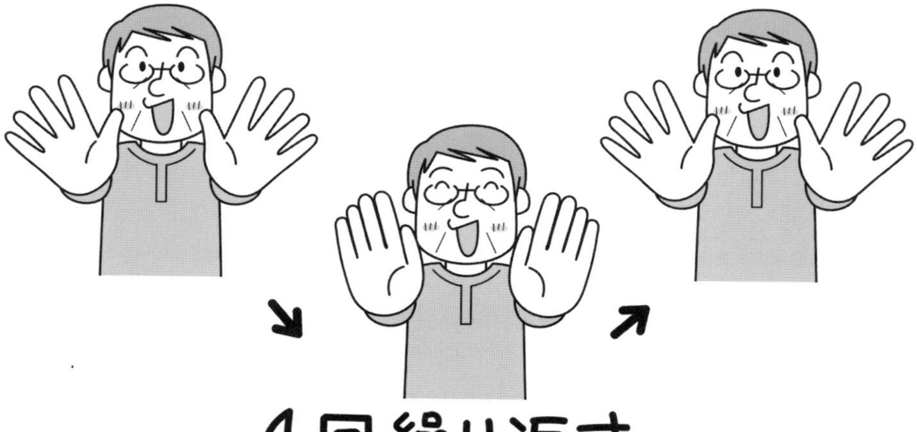

4回繰り返す

みちお先生のケアポイント

・指先に意識を集中しましょう！

笑いのテクニック

・指を閉じたときに口を閉じて，ひらいたときに口をひらくとおもしろい顔になります！

㉞　ものマネどうぶつ

どうぶつのものマネをしてお互いに当てっこしましょう！

ねらい
とききめ　（ イメージ力アップ ）（ 集中力アップ ）

楽しみかた

① 　たとえば，支援者はゴリラのマネをします。

② 　それを見てシニアは何の動物かを当てます。

③ 　正解したら大成功です！　出題者を交代して同様に繰り返します。

みちお先生のケアポイント

・どうぶつの例：ぞう，ねこ，イヌ，サル，きりん，うさぎ，ラッコ，うま，ライオン，などなど。

笑いのテクニック
・身振り，手振りだけでなく，顔の表情もマネすると楽しくできます！

㉟ 肩で拍手

支援者がシニアの肩をたたくマネをして，そのリズムに合わせながらシニアは手をたたきましょう！

ねらい
とききめ　　手先の器用さ維持　　反応力アップ

楽しみかた

① 支援者は，シニアの肩を軽くトントンとたたくマネをします。
② 支援者は，たたくリズムを，ゆっくりにしたり，速くしたり，ランダムに変えます。
③ シニアはそのテンポに合わせて手をたたきます。上手に出来たら最高です！

みちお先生のケアポイント

・「トントントントン・トントントントン……」と3拍子のリズムにするとかんたんです！

笑いのテクニック
・「トトントン」や「トトトトトン」など，ときどきリズムチェンジするとあきずに楽しめます！

44

36 元気笑顔体操

途中まではエイエイオーの動作をして，最後はニッコリ笑いましょう！

❚ ねらい
とききめ　〔 元気が出る 〕〔 声を出す 〕

楽しみかた

① 片手をグーにして，「エイエイ」と元気に声を出します。
② 「オー」のところは，人差し指をほっぺたにつけてニッコリ笑います。
③ 自分の中で一番の笑顔でどうぞ！

みちお先生のケアポイント

・支援者は，元気を出して，オーバーアクションで動作しましょう！

笑いのテクニック
・途中までは勇ましい顔で，そのあとのニッコリとギャップがあればあるほどおもしろいです！

㊲ 足ぶみしりとり

足ぶみをしながらしりとりをしましょう！

ねらい
とききめ 〔足腰強化〕

楽しみかた

① 支援者とシニアでしりとりをします。
② ２文字なら２歩，３文字なら３歩のように，言葉の数に合わせて足ぶみをします。
③ たくさん足ぶみしてください！

みちお先生のケアポイント

・背筋を伸ばして，腕を前後に振って足ぶみしましょう！

笑いのテクニック
・わざと，終わりに「ん」のつく言葉を言っても笑えます！

㊳ 変な足ぶみ

じゃんけんをして，体の一部をさわりながら足ぶみしましょう！

■ **ねらい**
とききめ　｜ 足腰強化 ｜ ｜ 柔軟性維持 ｜

楽しみかた

① 　支援者はシニアとじゃんけんをします。
② 　勝った人は，頭，肩，ひざ，足首など，体のどこかの名前を一つ言います。負けた人は，そこを手でさわりながら足ぶみを8歩します。
③ 　同様にして繰り返します。

頭　　肩　　ひざ　　足首

足ぶみを8歩

みちお先生のケアポイント

・頭やひざをさわりながらの足ぶみはかんたん，足首はむずかしいです！
　シニアの体力レベルに合わせてどうぞ！

笑いのテクニック
・頭と腰や，頭とひざなど，2か所同時にしても楽しいです！

㊴ いかにもまりつき

支援者のまりをつく動作をそっくりそのままマネをしましょう！

| ねらい
とききめ | 手先の器用さ維持 | 反応力アップ |

楽しみかた

① 支援者はシニアと向かい合わせになります。

② 支援者はまりをつくマネをします。（鏡のように）シニアは支援者の動きをそっくりにマネをします。

③ 支援者は，速くついたり，ゆっくりついたり，まりをつく手を替えたりして，ランダムに繰り返します。

みちお先生のケアポイント

・支援者は，いかにもまりをついているような演技でしましょう！

笑いのテクニック

・まりをつくと見せかけてつかない。など，フェイントを混ぜるともっともっと楽しくできます！

㊵ 爆笑体操

胸を張って，バンザイして，「ワ・ハ・ハ・ハ」と声を出して笑いましょう！

❚ ねらい
と ききめ 　（ 胸のストレッチ ）（ 声を出す ）

楽しみかた

① 　支援者は，ばんざい（両腕を上に伸ば）して，「ワ・ハ・ハ」や「ワ・ハ・ハ・ハ」などと「ハ」の数を変えながら声を出して笑います。

② 　シニアは，「ハ」の数が同じになるようにマネをします。

③ 　一休みして，４回繰り返します。

みちお先生のケアポイント

・口を大きくあけてすると，運動効果がアップします。

笑いのテクニック

・最後にモリモリポーズをして終わると盛り上がります！

49

コラム②

みんなが幸せになれるゲームのしかた

みんなが幸せになれる。
みんなが楽しんで，満足できる。
そんなゲームをするときのポイントはこれ。

① 歌う，声を出す
② みんなで協力する
③ みんなで考える
④ なるべく勝ち負けのあるゲームはしない

たとえば。
5回，あいこになるまでじゃんけんする。
違うものが出たら，何度でもやり直しします。
目標をクリアすれば，思わず抱き合ってよろこびたくなります。

歌うのもいいです。
ただ歌うだけでも楽しいですが，「歌詞に色が出てくる歌」を考えて歌う，というクイズ形式にすると，盛り上がります。
「あーそうそう」
なんて思い出しながら，考える，思い出す，声を出す。
これで，満足度も上がります。

ということで，ここからは，「みんなが幸せになれるゲーム」になります。
このゲームを実践して，幸せになってください！

① あいこでしょ

勝ち負けでなく，あいこになるように，じゃんけんをしましょう！

| ねらい
とききめ | 手先の器用さ維持 |

楽しみかた

① 　3，4人でします。
② 　全員でじゃんけんをします。
③ 　全員が同じものを出したら（あいこになれば）大成功です！　10回中
何回成功できるかトライしましょう！

みちお先生のワンポイント

・じゃんけんで勝敗をつけるのではなく，全員が同じものを出すことを目
指します。

笑いのテクニック
・成功したら，拍手したり，ハイタッチをして，みんなでよろこびを分か
ち合うと盛り上がります！

② あんどこ体操

「あんたがたどこさ～」と歌いながらひざをたたきましょう！

**ねらい
とききめ** （声を出す）（血行促進）

楽しみかた

① 　5，6人で円になります。
② 　ひざをたたきながら，「あんたがたどこさ」（あんたがたどこさ～）の歌
を歌います。
③ 　「さ」のところで，（右）隣の人のひざをたたきます。最後まで楽しんで
どうぞ！

あんたがたどこ　　　　　　さ　♪

みちお先生のワンポイント

・隣の人のひざをたたくマネでもオッケーです！

笑いのテクニック
・右隣の人のひざをたたくはずが，（わざと間違えて）左隣の人のひざを
たたいてしまっても笑いになります！

③ いろいろ歌合戦

歌詞に色の名前の出てくる歌を考えてうたいましょう!

| ねらい
とききめ | 声を出す |

楽しみかた

① 3, 4人でします。

② 全員で, 歌詞に色の名前の出てくる歌を考えて, 歌います。

③ (5分間など) 制限時間を決めて, できるだけたくさんの歌を考えて歌いましょう!

みちお先生のワンポイント

・歌の例:「赤い靴」,「りんごの唄」,「チューリップ」,「スキー」,「青い山脈」など

笑いのテクニック
・手拍子をしながら, 元気に明るく声を出してすると楽しいです!

④ おててつないで

手をつないで「靴が鳴る」を元気に楽しく歌いましょう！

| ねらい
とききめ | 声を出す | 足腰強化 |

楽しみかた

① 　3，4人で円になり，隣の人と手をつなぎます。
② 　手を前後に8回振って，そのあとに，足ぶみを8歩します。
③ 　この動作を繰り返しながら，「靴が鳴る」（おててつないで〜）の歌を歌いながらします。

みちお先生のワンポイント

・手をつなぐマネでも（手をつながないでしても）オッケーです！

笑いのテクニック
・最後に，全員で拍手をして終わると盛り上がります！

❺ 曲名当て

歌の歌詞だけを聞いて，曲名を当てましょう！

┃ねらい
ときめ　（声を出す）

楽しみかた

① たとえば，支援者は，「うさぎおいしかのやま……」と（歌わずに）「ふるさと」の歌詞を言います。
② シニアがその曲名を当てたら大成功です！　色々な曲で繰り返します。
③ 考えたり，間違えたりするのも楽しんでどうぞ！

うさぎ おいし
かのやま…

みちお先生のワンポイント

・出題の例：「うさぎおいしかのやま……」ふるさと
　　　　　　「おててつないでのみちをゆけば……」靴が鳴る
　　　　　　「からすなぜなくのからすはやまに……」七つの子
　　　　　　「もしもしかめよかめさんよ……」うさぎとかめ
　　　　　　「なつもちかづくはちじゅうはちや……」茶摘み

笑いのテクニック
・正解した歌を，いっしょに歌うとさらに盛り上がります！

55

❻ もしかめ肩たたき

「うさぎとかめ」の歌に合わせて，肩をたたき合いましょう！

**ねらい
ときめ** (声を出す) (血行促進)

楽しみかた

① 　3，4人で円になります。右手で右隣の人の肩を，8回，やさしくたたきます。

② 　左手で左隣の人の肩を，同様にします。

③ 　この動作を繰り返します，「うさぎとかめ」（もしもしかめよ〜）の歌にあわせてします。

もしもし　かめよ〜♪

みちお先生のワンポイント

・たたかないでしても（たたくマネだけでも）オッケーです！

笑いのテクニック
・最後に全員で，元気にバンザイをして終わると盛り上がります！

56

⑦ 合わせましょう

2択問題の答えを全員で合わせましょう！

| ねらい と ききめ　　**手先の器用さ維持**

楽しみかた

① 　3，4人でします。

② 　たとえば，「うどんとそばのどっちが好き？」など，2択の問題を出します。

③ 　「せーのー」の合図で，「うどん」または「そば」のどちらかを全員が一斉に言います。全員が同じ答えになれば大成功です！

みちお先生のワンポイント

・問題の例：「どらやきと大福」「ソフトクリームとたい焼き」「カレーライスとラーメン」「餃子としゅうまい」「おすしと天ぷら」「「赤と白」「春と秋」「海と山」「北海道と沖縄」「寝ることと食べること」

笑いのテクニック

・成功したら，拍手したり，ハイタッチをして，みんなでよろこびを分かち合うと盛り上がります！

⑧ さかさ言葉

下から読んだ言葉を，上から読んだ言葉に変換しましょう！

ねらい とききめ	集中力アップ

楽しみかた

① 支援者は，「やま」→「まや」，「そら」→「らそ」のように，下から読んだ言葉を出題します。

② シニアは支援者の問題を聞いて，答えを言います。

③ 正解したら最高です！

みちお先生のワンポイント

・2文字の言葉からはじめて，徐々にレベルアップしていきましょう！

笑いのテクニック

・とまと，しんぶんし，いかとかい，たけやぶやけた，など，上から読んでも下から読んでも同じ言葉を混ぜても楽しいです！

⑨ タッチ

片手を前に出して，すばやく相手の手をタッチしましょう！

┃ ねらい
┃ とききめ   (集中力アップ) (巧緻性維持)

楽しみかた

① 支援者は，シニアと向かい合わせになります。

② 支援者とシニアは右手を前に出して，手のひらを下にします。

③ 支援者はシニアの手（の甲）をタッチ，シニアはタッチされないように
すばやく手を引っ込めます。攻守交替して繰り返します。

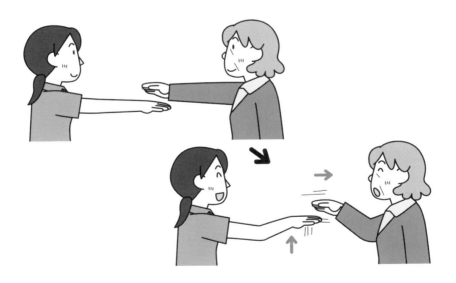

みちお先生のワンポイント

・強くたたかないように。軽くタッチしましょう！

笑いのテクニック

・じーっと目を見つめて，ニッコリ笑っても楽しいです！

59

⑩ ぴったり拍手

拍手の回数を決めて，全員でぴったり終わりましょう！

ねらい
とききめ 〔 集中力アップ 〕

楽しみかた

① 3，4人でします。

② 全員で拍手を10回します。声は出さずに心の中でカウントします。

③ 全員がピッタリ終われば大成功です。15回，20回，25回……とレベルアップしていきましょう！

みちお先生のワンポイント

・強めに手をたたいて大きな音を出すようにしましょう！

笑いのテクニック

・成功したらハイタッチして，全員で喜びを分かち合うと楽しいです！

おわりに

幸せのメリット

幸せにはどんなメリットがあるのでしょう。

いつも笑顔。
満足度が高い。
安心感。
ストレスが少ない。
気持ちに余裕がある。
いつまでも若い。
怒らない。
イライラしない。
くよくよしない。
会話が楽しい。
ポジティブな考え。
毎日が楽しい。
いつも元気。

これはボクが，考える幸せのメリットです。
「こんなにいいことがたくさんあったんだ！」
書き出してみてビックリです。

これだけいいことがあれば，心も体も元気になりそうです。

まさに，幸せは健康の秘訣です。

「はじめに」でも書いた通り，この本は，「できる人もできない人も楽しい
幸せ体操をしよう！」という本です。

ボクの体操に参加したシニアから，よく言われる言葉があります。

「元気が出た」
「楽しかった」

「元気」と「楽しい」のふたつの言葉です。
どうしてそう感じるのでしょうか？
それはきっと，「できる人もできない人も関係なく楽しい」からです。

シニアが体操に参加する理由は，体操が，「好き」や「得意」があります。
好きだからする，得意だからするのはあたりまえです。

でも，それだけだと集まる人が限られてしまいます。

「できる限りたくさんの人に体操をしてほしい」
それには，
「どうしたら体操が不得意な人にも楽しんでもらえるか」
が大切になります。

だから，できない人にも楽しんでほしい。

そんな思いでこの本をつくりました。
この本だけでなく，ボクの本には全部がそんな思いが込められています。

これからも幸せを感じられるような体操を実践していくつもりです。

令和6年1月
　　　　　楽しい体操インストラクター　みちお先生（斎藤道雄）

著者紹介

●斎藤道雄

体操講師，ムーヴメントクリエイター，体操アーティスト。

クオリティ・オブ・ライフ・ラボラトリー主宰。

自立から要介護シニアまでを対象とした体操支援のプロ・インストラクター。

体力，気力が低下しがちな要介護シニアにこそ，集団運動のプロ・インストラクターが必要と考え，運動の専門家を数多くの施設へ派遣。

「お年寄りのふだん見られない笑顔が見られて感動した」など，シニアご本人だけでなく，現場スタッフからも高い評価を得ている。

[お請けしている仕事]

○体操教師派遣（介護施設，幼稚園ほか）　○講演　○研修会　○人材育成　○執筆

[体操支援・おもな依頼先]

○養護老人ホーム長安寮

○有料老人ホーム敬老園（八千代台，東船橋，浜野）

○淑徳共生苑（特別養護老人ホーム，デイサービス）ほか

[講演・人材育成・おもな依頼先]

○世田谷区社会福祉事業団

○セントケア・ホールディングス（株）

○（株）オンアンドオン（リハビリ・デイたんぽぽ）ほか

[おもな著書]

○『脳も体も一緒に元気になる長生き体操40　付・タオル体操10』

○『脳も体も一緒に元気になる健康体操40　付・新聞棒体操10』

○『思いっきり笑える！　シニアの足腰を強くする転ばない体操40　付・ペットボトル体操10』

○『思いっきり笑える！　シニアの笑顔ストレッチ＆体ほぐし体操40　付・新聞紙体操10』

○『思いっきり笑える！　要介護シニアも集中して楽しめる運動不足解消体操40　付・お手玉体操10』

○『思いっきり笑える！　シニアの介護予防体操40　付・支援者がすぐに使える笑いのテクニック10』

○『しゃべらなくても楽しい！　椅子に座ってできるシニアの1，2分間筋トレ体操55』

○『しゃべらなくても楽しい！　シニアの筋力低下予防体操40＋体操が楽しくなる！　魔法のテクニック10』

○『しゃべらなくても楽しい！　シニアの笑顔で健康体操40＋体操支援10のテクニック』

（以上，黎明書房）

[お問い合わせ]

ホームページ「要介護高齢者のための体操講師派遣」：http://qollab.online/

メール：qollab.saitoh@gmail.com

＊イラスト・さややん。

脳も体も一緒に元気になる幸せ体操40
付・みんなが幸せになれるゲーム10

2024年4月5日　初版発行

著　者	斎　藤　道　雄	
発行者	武　馬　久仁裕	
印　刷	藤原印刷株式会社	
製　本	協栄製本工業株式会社	

発　行　所　　　株式会社　黎明書房

〒460-0002　名古屋市中区丸の内3-6-27　EBSビル　☎052-962-3045

FAX 052-951-9065　振替・00880-1-59001

〒101-0047　東京連絡所・千代田区内神田1-12-12　美土代ビル6階

☎03-3268-3470

脳も体も一緒に元気になる長生き体操 40 付・タオル体操 10 斎藤道雄著 　　　　B5・63頁　1720円	運動不足解消と脳の活性化が同時にできる，思わず笑いが生まれる「数えてグーチョキパー」などの体操40種と，タオルを使った簡単で楽しい体操10種を紹介。2色刷。
脳も体も一緒に元気になる健康体操 40 付・新聞棒体操 10 斎藤道雄著 　　　　B5・63頁　1720円	運動不足解消と脳トレが同時にできる40種の健康体操を収録。「だるまさんがころんだ」などの体操で，頭と体を楽しく動かしましょう！　新聞棒を使った簡単で楽しい10の体操も紹介。2色刷。
思いっきり笑える！　シニアの足腰を強くする転ばない体操 40　付・ペットボトル体操 10 斎藤道雄著 　　　　B5・63頁　1720円	足腰を強くし運動不足も解消する一挙両得の「つまずかない転ばない体操」で，シニアも支援者も笑顔に！　ペットボトルを使った簡単で盛り上がる体操も紹介。2色刷。
思いっきり笑える！　シニアの笑顔ストレッチ＆体ほぐし体操 40　付・新聞紙体操 10 斎藤道雄著 　　　　B5・63頁　1720円	笑顔ストレッチで脱マスク老け！「レロレロ体操」「キリンの首伸ばし」などの楽しい体操で，全身をほぐしましょう。新聞紙を使った簡単で盛り上がる体操も紹介。2色刷。
思いっきり笑える！　要介護シニアも集中して楽しめる運動不足解消体操 40　付・お手玉体操 10 斎藤道雄著 　　　　B5・63頁　1720円	しゃべらなくても楽しい体操で運動不足解消！シニアも支援者（おうちの方）も集中して楽しめる体操がいっぱいです。お手玉を使った体操も紹介。2色刷。
思いっきり笑える！　シニアの介護予防体操 40 付・支援者がすぐに使える笑いのテクニック 10 斎藤道雄著 　　　　B5・63頁　1720円	日常生活の動作も取り入れた体操40種と，体操をもっと面白くする支援者のための笑いのテクニックを10収録。立っていても座っていても出来て，道具も必要ないので安心。2色刷。
しゃべらなくても楽しい！　椅子に座ってできるシニアの 1，2 分間筋トレ体操 55 斎藤道雄著 　　　　B5・68頁　1720円	椅子に掛けたまま声を出さずに誰もが楽しめる筋トレ体操を55種収録。生活に不可欠な力をつける体操が満載です。2色刷。『椅子に座ってできるシニアの1，2分間筋トレ体操55』を改訂。
しゃべらなくても楽しい！　シニアの筋力低下予防体操 40 ＋体操が楽しくなる！　魔法のテクニック 10 斎藤道雄著 　　　　B5・63頁　1700円	「ドアノブ回し」などの日常生活の動作も取り入れた，しゃべらずに座ったままできる楽しい体操40種と，体操をもっと効果的にする10のテクニックを紹介。シニアお一人でもできます。2色刷。
しゃべらなくても楽しい！　シニアの笑顔で健康体操 40 ＋体操支援 10 のテクニック 斎藤道雄著 　　　　B5・63頁　1700円	「おさるさんだよ～」をはじめ，思わず笑ってしまうほど楽しくて誰でも続けられる体操40種と，支援者のための10のテクニックを紹介。シニアお一人でもお使いいただけます。2色刷。

表示価格は本体価格です。別途消費税がかかります。

■ホームページでは，新刊案内など，小社刊行物の詳細な情報を提供しております。「総合目録」もダウンロードできます。
http://www.reimei-shobo.com/